글 김서윤
사회학과 국문학을 공부했습니다. 글을 쓰고 책을 만드는 일을 하고 있습니다.
어릴 때는 글짓기만 가르치는 학교에 다니고 싶어 했습니다.
〈토요일의 심리클럽〉으로 창비청소년도서상을 받았고 〈내가 가게를 만든다면?〉,
〈왕, 총리, 대통령 중 누가 가장 높을까?〉를 썼습니다.

그림 국형원
한양여자대학교에서 일러스트레이션을 전공했습니다. 어려서부터 손으로 만들고 끄적이는 것을
좋아해 일러스트레이터를 꿈꾸게 되었고, 현재 다양한 일러스트 작업을 하고 있습니다.
따뜻함과 이야기가 있는 그림으로 사람들과 소통하길 바라며, 언젠가 나의 아이에게
읽어 줄 수 있는 책을 꾸준히 만들어 가는 것이 소소한 바람입니다.

추천 곽덕주
서울대학교 사회과학대학 인류학과를 졸업하고 같은 대학교에서 사범대학 교육학과 석사 학위를
받았습니다. 미국 콜롬비아 대학교에서 교육철학으로 박사 학위를 받고 홍콩 시립대 연구원,
건국대학교 교수를 거쳐 현재 서울대학교 사범대학 교육학과에서 교육철학을 가르치고 있습니다.

토토 사회 놀이터

토토 사회 놀이터는 교과서 속 사회 지식을 재미있게 풀어낸 그림책 시리즈입니다. 초등학교 저학년 어린이들이 사회와
친해지고 스스로 정치와 경제, 법 등을 탐구하여 사회 전체의 흐름을 파악할 수 있도록 쉽고 재미있게 구성되어 있습니다.
토토 사회 놀이터에서는 사회도 놀이가 됩니다.

교과서 속 **사회 지식**을 쉽고 재미있게 배워요!

내가 학교를 만든다면?

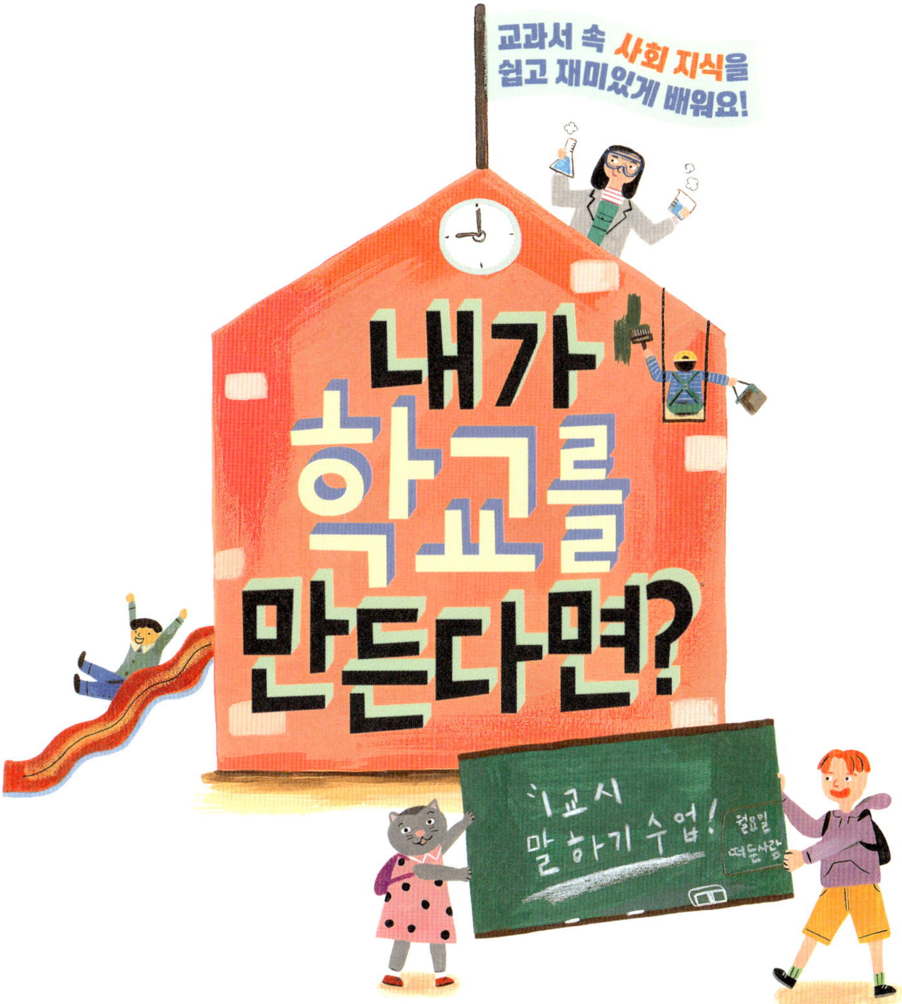

글 김서윤 | 그림 국형원

추천 곽덕주 (서울대 사범대학 교수)

차례

나만의 학교를 만드는 방법 ······· 6

학교 종류 정하기

학교의 역할 알아보기 ········ 10
특별한 교육 목표 세우기 ······ 13
학교 이름 짓기 ············· 16
이런 종류의 학교를 만들어요 ··· 20

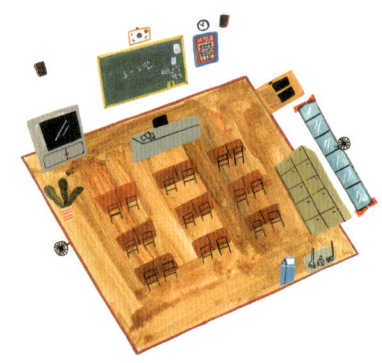

학교 건물 짓기

교실 꾸미기 ················ 26
건강을 위한 공간 꾸미기 ····· 28
이런 학교 건물을 지어요 ······ 34

4단계
놀기와 쉬기

소풍 가기 · · · · · · · · · · · 54
운동회 하기 · · · · · · · · · · 55
방학하기 · · · · · · · · · · · · 57
이렇게 놀고 이렇게 쉬어요 · · · · · 60

3단계
수업하기

선생님 뽑기 · · · · · · · · · · · · · · 40
지식과 규범 가르치기 · · · · · · · 42
이런 수업을 해요 · · · · · · · · · · 48

모든 준비는 끝났다! · · · · · · · · · · · 64

꼭꼭초등학교를 소개합니다! · · · · · · 66
내가 만든 학교을 소개합니다! · · · 67
한눈에 보는 학교 만들기 · · · · · · · · 68
용어 설명 · · · · · · · · · · · · · · · · · 70

나만의 학교를
만드는 방법

우리나라의 모든 어린이들은 만 여섯 살이 되면 이곳에 가야 해요.
이곳은 어디일까요? 그래요, 학교랍니다!
학교에서 어린이들은 새로운 친구들을 만나고 선생님께 여러 가지 과목을 배워요.

그런데 말이죠, 혹시 이런 생각을 해 본 적 있나요?
'내가 직접 학교를 만들어 본다면……' 하는 생각.
어쩌면 여러분이 더 멋진 학교를 만들 수 있을지도 몰라요.

동네를 살펴보거나 지도를 들여다봐요. 여기저기에서 참 다양한 학교를 찾을 수 있어요.
여러분 같은 어린이들이 다니는 초등학교도 있고요,
초등학교를 졸업하면 가는 중학교, 중학교를 졸업하면 가는 고등학교도 있어요.
시험을 통과해야 들어갈 수 있는 대학교도 있고요,
특수한 기술을 전문적으로 가르치는 학교도 있지요.
그중에 내 맘대로 직접 만든 학교가 하나쯤 있다고 상상해 봐요.
그 학교는 분명 어디에도 없는 독특한 개성을 가진 학교일 거예요.

물론 학교를 만드는 건 간단한 일이 아니죠. 그렇다고 지레 겁먹을 필요도 없는걸요.
하나하나 과정을 밟아 나가다 보면 어느새 나만의 학교가 완성될 거예요.
그럼 어디 한번 시작해 볼까요?

1 학교의 종류를 정해요!

학교는 미래를 이끌 인재들이 자라나는 곳이잖아요. 그러니까 먼저 어떤 인재를 키우는 학교를 만들지 정하는 게 가장 중요하답니다.

2 학교 건물을 지어요!

학생들을 가르치려면 당연히 교실이 있어야겠죠? 게다가 학생들이 뛸 수 있는 운동장도, 학생들이 맛있게 밥을 먹을 수 있는 급식실도 있어야겠죠? 학교 건물을 지을 때 챙겨야 할 게 아주 많아요.

3 수업을 해요!

학교에서 가장 중요한 일은 학생들에게 꼭 필요한 지식과 규범을 가르치는 거예요. 숙제와 시험도 잊으면 안 돼요.

4 놀 땐 놀고 쉴 땐 쉬어요!

아무리 가르치는 게 중요하다 해도 맨날 교실 안에만 있게 하면 학생들이 지쳐 버릴걸요. 그러니까 소풍도 가고 운동회도 열어요. 때가 되면 방학도 하고요.

학교 종류 정하기

세상에는 여러 가지 종류의 학교가 있어요. 여러분은 어떤 학교를
만들고 싶나요? 세상이 깜짝 놀랄 특이한 종류의 학교를 만들어 봐요.
많이 많이 고민해서 학교의 종류를 정하고 나면, 그 학교에
딱 맞는 멋진 이름도 붙여야겠죠. 참, 어떤 학교를 만들든 간에
꼭 염두에 두어야 할 점이 있어요. 학교란 모름지기
학교로서 꼭 해야 할 역할이 있다는 사실이랍니다.

학교의 역할 알아보기

역할이 있다는 건 반드시 해야 할 일이 있다는 뜻이죠. 예를 들어, 병원의 역할은 환자들의 병을 고치는 것이고, 소방서의 역할은 불을 끄는 거예요. 학교도 역할이 있을까요? 물론이죠. 학교의 역할은 학생들을 가르치는 것이랍니다. 그렇다면 말이죠, 어떻게 하는 것이 잘 가르치는 것일까요? 학교의 역할을 좀 더 자세하게 알려 줄게요.

지식과 규범을 심어 줘요

세상을 살아가려면 배워 두고 익혀 두어야 할 게 한두 가지가 아니에요. 물건을 계산하려면 덧셈 뺄셈을 알아야 하죠. 다른 나라 사람들과 이야기하려면 외국어를 알아야 하죠. 그뿐인가요. 주변 사람들과 잘 지내려면 공손하게 말하는 법을 알아야 하죠. 안전사고를 예방하려면 교통 규칙이나 재난 대처법을 알아야 하죠. 이 외에도 정말 정말 많은 것들을 알아야 해요. 학교는 이렇게 학생들이 살아가는 데 꼭 필요한 다양한 지식과 규범을 가르쳐 줘요.

건강을 챙겨 줘요

이런 말 들어 본 적 있죠? "건강이 최고야!" 아무리 지식과 규범을 많이 배워 두었다 해도 몸이 건강하지 못해서 끙끙 앓기만 한다면, 마음이 건강

하지 못해서 맨날 짜증만 낸다면 무슨 소용이겠어요. 그래서 학교는 학생들이 건강하게 자라서 몸도 마음도 튼튼한 사람이 될 수 있도록 신경 써요.

친구들을 사귀게 해 줘요

세상은 혼자 살아가는 게 아니잖아요. 가족 말고도 여러 사람들과 어울려 살아가기 마련이에요. 그중에서도 우리에게 없어서는 안 될 존재, 바로 친구랍니다. 학교는 학생들이 서로서로 친구가 되게 해 줘요. 친구들과 함께라면 배우는 것도 훨씬 더 즐겁겠지요?

미래의 꿈을 키워 줘요

학교에 다니는 건 만만한 일이 아니죠. 아침에 일찍 일어나야 하고, 더 놀고 싶어도 참아야 해요. 그런데도 학생들이 학교에 다니는 이유는? 바로 더 나은 미래를 준비하기 위해서일 거예요. 학교는 학생들이 각자 자신에게 맞는 길이 무엇인지 생각하게 해 주고, 또 그 길을 가기 위해 필요한 것들을 계획하고 실천하게 해 준답니다.

배움은 국민의 권리이자 의무

행여나 집안 형편이 너무 어려워지면 학교를 그만둬야 하나 걱정되나요?
그런 걱정은 붙들어 매도 돼요. 교육을 받는 건 국민의 권리니까요.
혹시 학교를 다니지 않고 마냥 놀고만 싶나요?
저런, 그건 좀 곤란한데요. 교육을 받는 건 국민의 의무이기도 하니까요.
누가 그러냐고요? 법 중에서도 가장 중요한 법인 헌법에 콕 박혀 있는걸요.
특히 초등학교와 중학교는 의무 교육이랍니다. 이게 무슨 뜻이냐면,
국민이라면 누구나 초등학교와 중학교를 반드시 다닐 수 있고,
또 반드시 다녀야만 한다는 거예요.

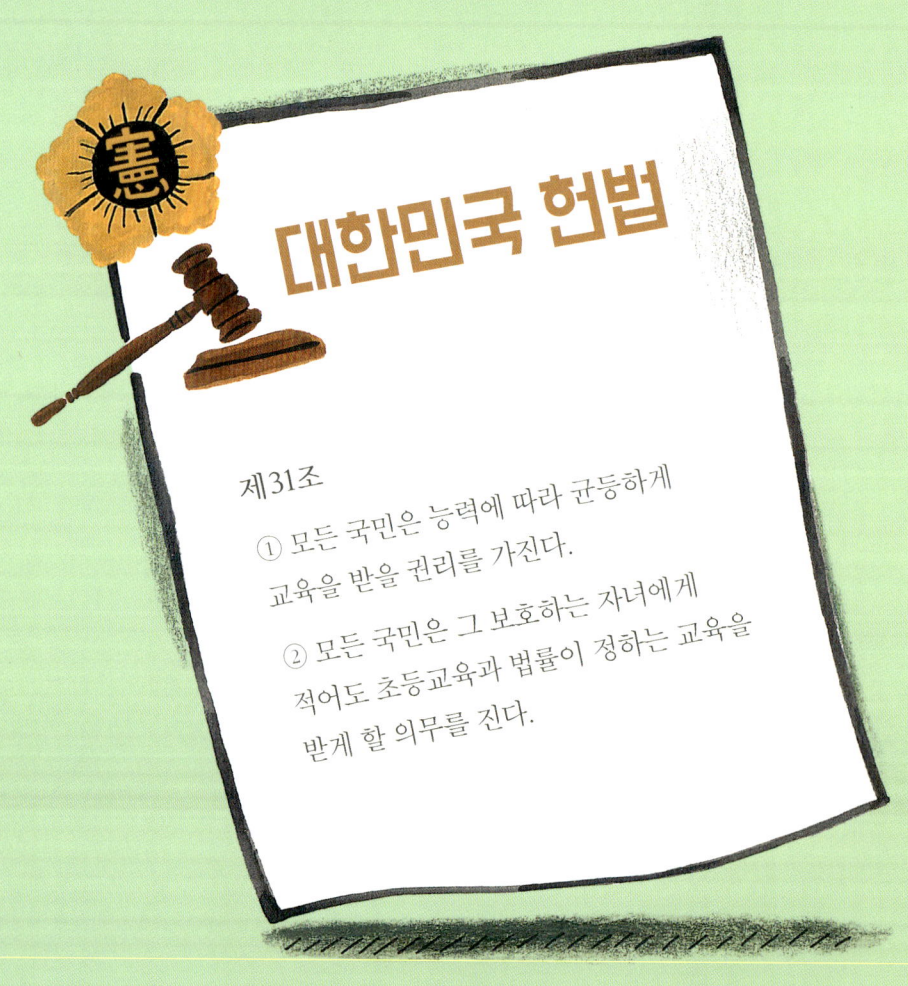

대한민국 헌법

제31조
① 모든 국민은 능력에 따라 균등하게 교육을 받을 권리를 가진다.
② 모든 국민은 그 보호하는 자녀에게 적어도 초등교육과 법률이 정하는 교육을 받게 할 의무를 진다.

특별한 교육 목표 세우기

세상 모든 학교가 하나같이 다 똑같다면 영 재미없지 않겠어요? 다른 학교들과 다른 독특한 목표를 가진 학교들도 많아요. 그만큼 세상에는 다양한 지식이 필요하고, 또 다양한 능력을 가진 사람들이 있기 때문일 거예요. 여러분이 만드는 학교도 특별한 교육 목표를 세운다면 더 개성 있는 학교가 되겠죠?

> 나는 가야금 전공. 매일 실기 수업이 있지.

특별한 기술을 가르쳐요

지금 여러분이 다니는 학교의 시간표를 한번 봐요. 여러 과목이 두루두루 들어 있네요. 그런데 어떤 학교들의 시간표는 특별한 기술과 관련된 과목들이 주로 들어 있어요. 바로 그 기술을 가르치는 것이 교육 목표라서 그래요. 음악, 미술, 무용 분야의 인재를 키우는 예술 학교, 군인을 키우는 사관 학교가 대표적이에요.

특별한 학생들을 가르쳐요

> 이건 수화로 '사랑'이란 뜻이야.

남들과 조금 다른 특별한 상황에 있거나 나름의 사정을 가진 학생들도 있어요. 그래서 이 학생들을 가르치는 것이 교육 목표인 학교들도 있지요. 예를 들어 장애인 학교는 특수한 수업이 필요한 장애인 학생들을 가르치고, 외국인 학교는 우리나라에 살고 있는 다른 나라 학생들을 가르쳐요.

 별별 학교의 별별 목표

실제로 어떤 학교들이 특별한 교육 목표를 가졌는지 살펴볼까요?
여러분이 미처 몰랐던 학교들도 많을 거예요.

경찰대학
법치 질서를 확립하고 국민에게 봉사하는 민주 경찰을 기른다.

한국조리과학고등학교
세계 일류의 전문 조리인을 기른다.

부산예술중학교
창의성을 바탕으로 고급 예술 문화와 사회를 선도하는 예술인을 기른다.

한국해양대학교
융합적 사고를 갖춘 해양 분야의 전문인을 기른다.

강원체육중학교
행복한 미래를 창조할 유능한 체육인을 기른다.

서울디자인고등학교
글로벌 시대에 알맞은 능동적이고 유능한 디자이너를 기른다.

제주외국어고등학교
심신이 건강한 글로벌 인재를 기른다.

한국게임과학고등학교
세계적인 게임 산업의 리더를 배출하기 위한 전문화 교육을 한다.

한국방송통신대학교
교육의 기회를 확대하여 제공함으로써 국가 인재 양성에 이바지한다.

한국농수산대학
한국 농수산업을 이끌어 갈 이론과 실무 능력을 겸비한 전문 농수산업 경영인을 기른다.

학교 이름 짓기

학교에도 이름이 필요해요. 여러분의 학교를 그냥 '학교'라고만 부를 수는 없잖아요. 그랬다가는 다른 학교들이랑 헷갈릴 테니까요. 학교 이름은 신중하게 결정해야 해요. 여러분의 학교에 다니는 학생들도 좋아할 만한 이름을 생각해 봐요.

특징을 이름으로!

다른 학교들과 구별되는 특징을 이름에 넣어요. 이름만 보아도 학교의 특징을 딱 알 수 있게 말이에요. 그 특징은 여러분의 학교가 자리 잡고 있는 동네의 이름일 수도 있고, 특별한 교육 목표일 수도 있죠.

멋진 말을 이름으로!

여러분이 평소 마음에 들어 하는 단어라든가, 좋은 뜻이 담긴 멋진 말을 학교 이름으로 정할 수도 있답니다. 기왕이면 학생들에게 희망과 자부심을 줄 수 있는 말이 좋겠죠. 학생들이 학교를 더욱 소중하게 느낄 거예요.

주사위 굴려서 학교 이름 짓기

짓고 싶은 이름이 너무 많아서 결정을 내리기가 힘들다고요? 그렇다면 주사위를 굴려서 선택해 볼까요? 일단 주사위 도안을 그려요. 그런 다음 각각의 면에 한 개씩 이름을 적어요. 가위로 쓱쓱 자르고, 풀을 착착 발라서 붙이면 완성! 자, 주사위를 굴리면…… 어떤 이름이 나올까요?

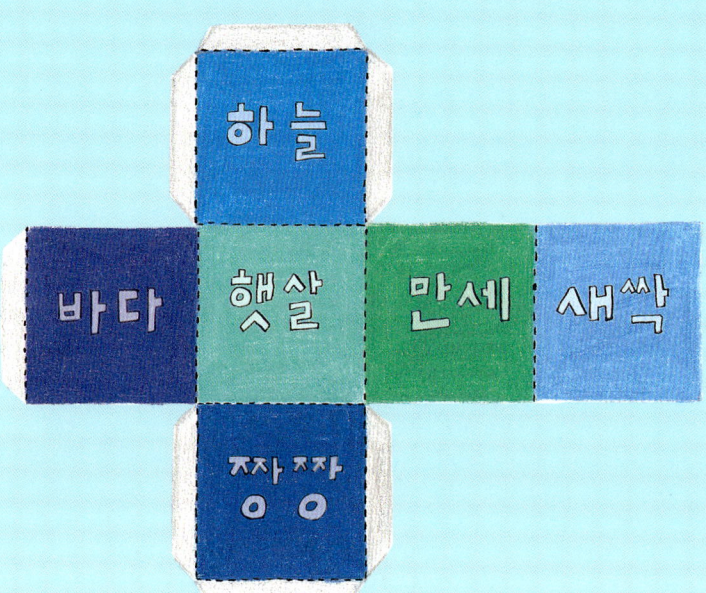

잠깐! 주의할 점이 있어요.
다른 학교와 완전히 똑같은 이름이라면 사람들이 헷갈리겠죠?

강릉중앙초등학교	거제중앙초등학교	광주중앙초등학교
나주중앙초등학교	대구중앙초등학교	대전중앙초등학교
동해중앙초등학교	목포중앙초등학교	성남중앙초등학교
속초중앙초등학교	울산중앙초등학교	원주중앙초등학교
인천중앙초등학교	제주중앙초등학교	청주중앙초등학교
춘천중앙초등학교	평택중앙초등학교	함안중앙초등학교

같은 이름이라도 지역을 붙여서 다르게!

세계의 별별 학교

세상에, 이런 학교가 정말 있느냐고요? 그렇고말고요.
지금도 세상 어딘가에서 또 다른 독특한 학교가 생겨나고 있을걸요.

산타클로스 학교

미국 미시간 주에는 1937년에 세워진 산타클로스 학교가 있어요. 이 학교에서는 산타가 되려는 학생들이 모여서 캐럴 부르는 법, 순록 돌보는 법, 긴 수염 다듬는 법 등을 배워요.

햄버거 대학교

세계에서 가장 큰 패스트푸드 회사인 맥도날드가 1961년에 세운 학교예요. 각 매장을 관리하는 매니저들을 교육하지요. 맥도날드 매장이 전 세계 곳곳에 있는 만큼, 여러 나라의 학생들이 함께 공부해요.

서머힐 학교

영국의 교육자인 알렉산더 닐이 1921년에 세운 대안 학교예요. 이 학교의 가장 큰 특징은 학생들의 자유를 존중한다는 점이에요. 어느 정도냐면, 수업을 들을지 말지도 학생이 맘대로 결정할 수 있대요. 수업을 듣지 않기로 결정한다면? 교실 밖에서 알아서 놀면 되는 거죠.

홈스쿨링

집이 곧 학교가 될 수도 있어요. 따로 학교에 가지 않고 집에서 부모님이나 가정 교사의 도움을 받아 공부하는 거죠. 미국, 캐나다, 호주 같은 나라들에서는 홈스쿨링을 받는 학생들이 꽤 있어요.

이런 종류의 학교를 만들어요

어떤 과정을 거쳐 학교의 종류를 정하면 되는지 감이 잡혔나요?
자, 그럼 이제 여러분이 만들 학교의 종류를 구체적으로 상상해 볼까요? 어떤 종류든 좋아요.
여러분이 평소에 학교에서 하고 싶었던 것들을 떠올려 봐요!

놀이 인재 학교

요즘은 어린이들도 어른들도 다들 놀 시간이 너무 부족하대요. 공부를 하거나 일을 하느라고요. 이대로 가다가 사람들이 노는 법을 홀랑 잊어버리면 어떡하죠? 제대로 놀 줄 알고 창의적으로 놀 줄 아는 '놀이 인재'도 필요하지 않을까요? 그런 놀이 인재를 키우는 학교를 만드는 거예요. 당연히 시간표는 100퍼센트 노는 것으로만 꽉꽉 채워야겠죠.

반려동물과 함께 학교

여러분에게는 개나 고양이 같은 반려동물이 있나요? 여러분이 학교에 가 있는 동안 반려동물이 무지 심심해하지 않을까요?

반려동물을 데리고 와서 함께 수업을 받을 수 있는 학교라면 그런 걱정이 없겠죠. 이 학교에서는 '고양이 반', '금붕어 반', '햄스터 반', '토끼 반' 이렇게 반을 나누면 되겠네요.

어린이 선생님 학교

여러분을 가르치는 선생님들은 모두 어른들이에요. 어른만 선생님이 되는 게 당연하다고 생각하나요? 그건 편견일 수도 있어요. 어린이가 어린이를 가르치는 거, 상상만 해도 벌써 신나지 않나요? 축구를 잘하는 어린이는 체육 선생님이 되고, 글쓰기를 잘하는 어린이는 국어 선생님이 되는 거죠.

멍 때리기 학교

어쩌면 학생들이 그저 가만히 있게 놔두는 것도 좋을 거예요. 손가락 하나도 절대 움직이지 않고, 사소한 생각도 절대 떠올리지 않고 멍하니 있게 하는 거죠. 그러다 보면 학생들은 몸도 마음도 푹 쉬게 될 거예요. 수업을 마치고 집에 갈 때면 아주 개운한 느낌이 들걸요.

이 학교에서는 멍~하니 쉬면 됩니다!

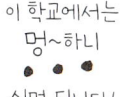

 학교 종류 정하기

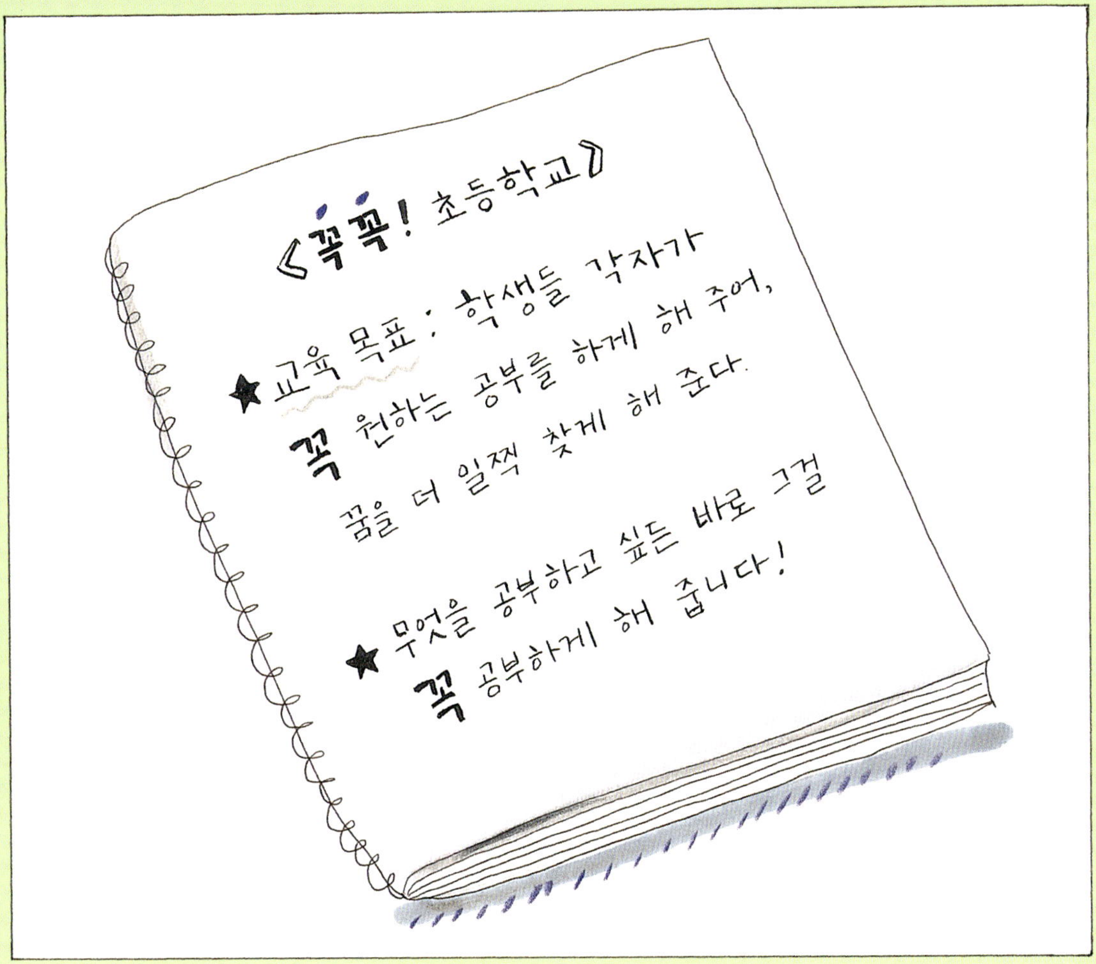

〈꼭꼭! 초등학교〉

★ 교육 목표: 학생들 각자가 원하는 공부를 꼭 하게 해 주어, 꿈을 더 일찍 찾게 해 준다.

★ 무엇을 공부하고 싶든 바로 그걸 꼭 공부하게 해 줍니다!

이걸 '꼭꼭' 공부하고 말겠다 하는 어린이들을 위한 학교니까.

근데 왜 이름이 꼭꼭초등학교야?

꼭꼭초등학교의 마스코트는 나!

꼭꼭!

꼭꼭!

2단계
학교 건물 짓기

학교 종류도 정하고 이름도 정했다면, 다음 순서는 학교 건물을 뚝딱뚝딱 짓는 거예요. 학생들을 모아 놓고 가르칠 수 있도록 말이에요. 건물을 지을 때는 무작정 쌓아 올려서는 안 돼요. 설계도를 꼼꼼하게 그려서 딱 설계도대로 지어야 문제가 없답니다. 그러기 위해서는 학생들에게 어떤 공간들이 필요한지 하나하나 따져서 미리 정확한 계획을 세워야겠죠?

교실 꾸미기

학교 안에서 학생들이 가장 많은 시간을 보내는 공간, 뭐니 뭐니 해도 역시 교실이겠죠? 여러분이 학교 하면 가장 먼저 생각나는 공간도 역시나 교실일 거예요. 그만큼 교실은 무척 중요해요. 학생들이 배우고 싶은 마음이 퐁퐁 샘솟는 교실, 선생님들이 가르치고 싶은 기분이 절로 드는 교실을 만들어 봐요.

수업에 꼭 필요한 물건들

수업을 하기 위해 없어서는 안 될 삼총사, 바로 칠판과 책상, 의자랍니다. 칠판이 너무 작거나 너무 크지는 않은지, 책상과 의자가 너무 무겁거나 너무 약하지는 않은지 잘 확인해 보고 골라야 해요. 이 외에 또 무엇이 필요할까요? 시간표, 모니터, 스피커, 시계, 선풍기나 에어컨……. 장만해야 할 게 은근히 많죠?

특별한 수업을 위한 교실

때로는 학생들이 다른 교실로 이동해서 수업을 받아야 해요. 어떤 과목은 특수한 기능을 갖춘 교실이 따로 필요하거든요. 악기를 연주할 수 있는 음악실, 그림을 그릴 수 있는 미술실, 과학 실험을 할 수 있는 과학실, 외국어를 배울 수 있는 어학실, 컴퓨터를 사용할 수 있는 컴퓨터실……. 또 어떤 교실을 만들 수 있을까요? 시간표에 적힌 과목들을 보며 생각해 봐요.

바른 자세를 만드는 책상과 의자

책상과 의자를 고를 때는 학생들이 바른 자세로 앉아 있을 수 있는지 꼭 확인해 봐요. 바른 자세는 학생들이 수업에 집중하도록 도와주지요.

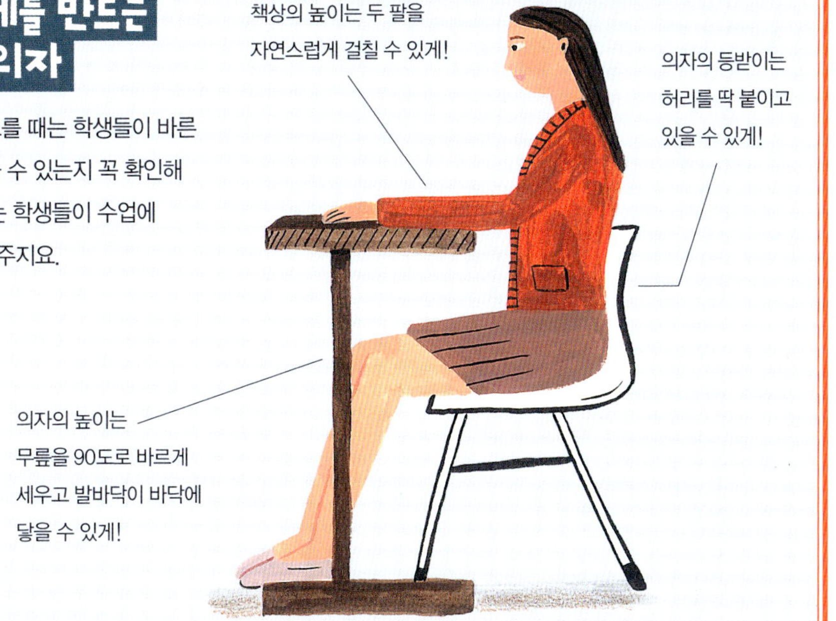

책상의 높이는 두 팔을 자연스럽게 걸칠 수 있게!

의자의 등받이는 허리를 딱 붙이고 있을 수 있게!

의자의 높이는 무릎을 90도로 바르게 세우고 발바닥이 바닥에 닿을 수 있게!

건강을 위한 공간 꾸미기

학교의 역할 중 하나는 학생들의 건강을 챙기는 거잖아요. 학생들이 몸도 건강하게, 마음도 건강하게 자라도록 말이에요. 그러려면 교실만으로는 충분하지 않아요. 교실 외에도 꼭 필요한 공간들이 있죠. 어떤 공간들이 필요한지 함께 알아볼까요?

양호실

학생들은 종종 아프기 마련이에요. 감기에 걸려서 열이 날 수도 있고, 넘어져서 무릎이 까질 수도 있어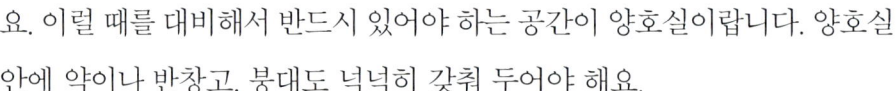요. 이럴 때를 대비해서 반드시 있어야 하는 공간이 양호실이랍니다. 양호실 안에 약이나 반창고, 붕대도 넉넉히 갖춰 두어야 해요.

급식실

사람은 밥심으로 산다는 말도 있잖아요? 밥을 잘 챙겨 먹어야 건강도 챙길 수 있어요. 그러니까 급식실을 꼭 만들어서 학생들에게 몸에 좋은 음식을 주어야죠. 매일매일 다른 음식이 나오게 식단을 짜는 것도 잊지 말고요. 아무리 좋은 음식이라도 맨날 같은 것을 먹으면 학생들이 싫증을 낼 테니까요.

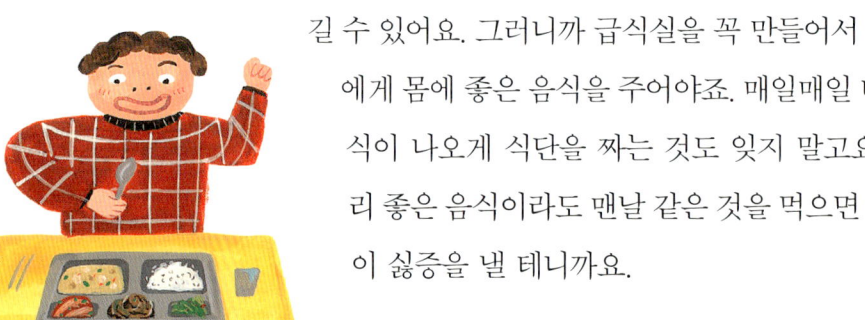

운동장과 강당

하루 종일 의자에 앉아 있기만 하면, 어휴! 온몸이 찌뿌듯할 거예요. 건강하게 생활하려면 몸을 많이 움직여야 하지 않겠어요? 학교에 운동장이 있어야 학생들이 달리기도 하고 축구도 하며 마음껏 움직일 수 있어요. 체육 수업을 하기 위해서도 운동장이 필요하고요. 그런데 비가 막 쏟아지는 날은 운동장을 쓸 수 없으니 어떡하죠? 그래서 강당도 같이 지어 두면 더 좋답니다.

도서관

몸을 살찌우는 게 음식이라면 마음을 살찌우는 건? 바로 책이겠지요. 마음의 건강까지도 잘 챙기고 싶다면 도서관을 빼먹으면 안 돼요. 도서관의 가득한 책들이 학생들의 마음을 쑥쑥 자라게 해 줄 거예요. 게다가 도서관은 수업에도 큰 도움이 돼요. 학생들이 수업과 관련된 책을 읽으며 지식을 쌓을 수 있으니까요.

5대 영양소

모든 급식실에는 반드시 영양사가 있어야 해요. 영양사란 건강에 좋은 식단을 짜는 일을 전문적으로 하는 사람이랍니다. 영양사는 무엇을 기준으로 식단을 짤까요? 우리 몸에 꼭 필요한 영양소가 균형 있게 들어가는지가 기준이 되죠.

단백질

근육, 머리카락, 뼈 등 우리 몸을 구성하는 영양소예요. 에너지를 내는 데도 쓰여요.

지방

체온을 유지하고 세포막을 만들어 줘요. 역시 에너지를 내는 데도 쓰여요.

탄수화물

우리 몸이 에너지를 내는 데 쓰이는 가장 대표적인 영양소예요.

무기질

뼈, 치아, 혈액 등 몸의 구성 성분이 되고, 몸의 기능이 정상적으로 작용하도록 조절해 줘요. 무기질의 종류로는 칼슘, 철, 나트륨, 마그네슘 등이 있어요.

비타민

다른 영양소들이 몸 안에서 정상적으로 자기 역할을 하도록 도와주고 몸 안의 여러 기능을 조절해요. 비타민 A, 비타민 B, 비타민 C, 비타민 D 등 여러 종류가 있어요.

 **햇빛을 받으면 만들어지는 영양소를 찾아라!**

우리 몸이 햇빛을 받으면 몸속에서 이 영양소가 만들어져요. 어떤 영양소일까요?

① 칼슘   ② 단백질   ③ 비타민 B   ④ 비타민 D

★정답은 72쪽에서 확인하세요!

31

이런 모습을 가진 학교도 있다는 거, 여러분은 미처 몰랐죠?
학교 건물은 좀 별나긴 해도 그 안에서 공부하는 학생들의
마음은 진지할 거예요.

캄보디아의 호수 학교

캄보디아의 톤레삽 호수는 동남아시아에서 가장 큰 호수예요. 이곳에는 많은 사람들이 호수 위에 집을 짓고 살아가요. 당연히 학교도 호수 위에 있죠. 집도 학교도 배처럼 물 위에 둥둥 떠 있는 거예요. 그럼 학생들은 어떻게 학교에 갈까요? 그야 보트를 타고 가죠. 스쿨버스가 아니라 스쿨보트라고나 할까요?

미국의 지하 학교

미국의 뉴멕시코 주에는 지하 학교가 있어요. 말 그대로 학교 건물이 땅 밑에 있는 거예요.
학교 입구만 땅 위로 빼꼼 나와 있답니다. 무심코 지나가다가 자칫 학교를 지나쳐 버릴 수도 있겠죠?
이 학교는 전쟁이 났을 때 대피 장소로 쓰기 위해 건설되었어요. 비상식량을 저장할 수 있는 커다란 창고도 있대요.

중국의 동굴 학교

중국 남부의 중동이라는 마을에는 동굴 속에 학교가 있어요. 이 마을은 워낙 험한 산속에 위치해 있어서 학교를 짓기가 어려웠죠. 그래서 동굴을 학교 건물로 이용하게 된 거예요. 이 동굴은 깊이가 200미터, 높이가 50미터 정도 되는 거대한 크기예요. 덕분에 200여 명의 학생들이 그 안에서 수업을 받을 수 있죠. 체육 수업도 얼마든지 가능해요.

아프리카의 야외 학교

아프리카에는 경제가 어려운 나라들이 많아요. 그래서 학교 건물이 너무 낡거나 오래된 경우도 많죠. 심지어 어떤 학교는 움막을 지어 수업을 하거나, 나무를 지붕 삼아 나무 아래에서 수업을 하기도 해요. 그래도 아이들은 학교에 가는 것을 무지 좋아한대요. 돈을 벌기 위해 고된 일을 하느라 학교에 가지 못하는 친구들도 있으니까요.

이런 학교 건물을 지어요

여러분이 짓는 학교 건물에 어떤 공간들이 필요한지 이제 잘 알겠죠? 하지만 여러분은 이것만으로는 아직 부족하다고 느낄 거예요. 여러분의 학교에는 누구도 미처 생각하지 못했던 공간, 여러분만이 생각해 낼 수 있는 공간도 얼마든지 만들 수 있어요.

텐트 교실

책상과 의자가 없어도 괜찮아요. 텐트가 있다면 말이죠! 교실에 커다란 텐트 여러 개를 치고 학생들이 그 안에 들어가서 수업을 받게 하는 거예요. 텐트 안에서 뒹굴뒹굴하다 보면 수업이 더 재미있게 느껴질걸요. 어쩌면 쉬는 시간에도 학생들이 텐트 밖으로 나오지 않으려 할지도 몰라요!

청룡 열차가 있는 운동장

놀이공원에 가면 온갖 놀이 기구를 타며 즐겁게 놀 수 있어요. 그런 놀이 기구를 학교 운동장에도 설치해 봐요. 운동장 한쪽에 360도로 빙글빙글 회전하는 청룡 열차가 있다면? 와, 무지 근사하겠죠? 아예 '놀이 기구 타기'라는 과목을 만들 수도 있을 거예요.

낮잠실

수업 도중에 자꾸 눈꺼풀이 감기는 학생은 아예 낮잠실에 보내는 게 어떨까요? 낮잠실에서 한 30분쯤 눈을 붙이게 하는 거죠. 그러고 나면 개운한 몸으로 수업에 집중할 수 있을 거예요. 물론 수업 때마다 낮잠실에 가려 하는 학생에게는 단호한 말투로 말해야겠죠. "그건 안 돼!"

젖소 목장

학교 안에 목장을 두고 젖소를 기른다면 좋은 점이 꽤 많을걸요. 과학 수업에서 동물에 대해 배울 때 실제로 동물을 관찰할 수도 있고요. 학생들에게 동물을 사랑하는 마음과 동물을 기르는 책임감을 키워 줄 수도 있죠. 게다가 목장에서 얻은 우유를 급식에 사용할 수도 있어요!

# 학교 건물 짓기

3단계 수업하기

여러분이 지은 학교 건물로 많은 학생들이 모였어요. 학생들의 눈이 반짝반짝 빛나네요. 학교에 대한 기대가 큰가 봐요. 자, 그럼 이제 본격적으로 수업을 해야죠. 그런데 수업은 학생들만 있다고 바로 시작할 수 있나요? 아니죠, 선생님이 있어야 가능하겠죠. 선생님들은 다양한 방법으로 학생들에게 지식을 쏙쏙 심어 줄 거예요.

"1교시"
말하기 수업!
월요일
떠든사람
〈우리 학교 교칙〉
내가 배우고
싶은 건
꼭
배운다!
말하기

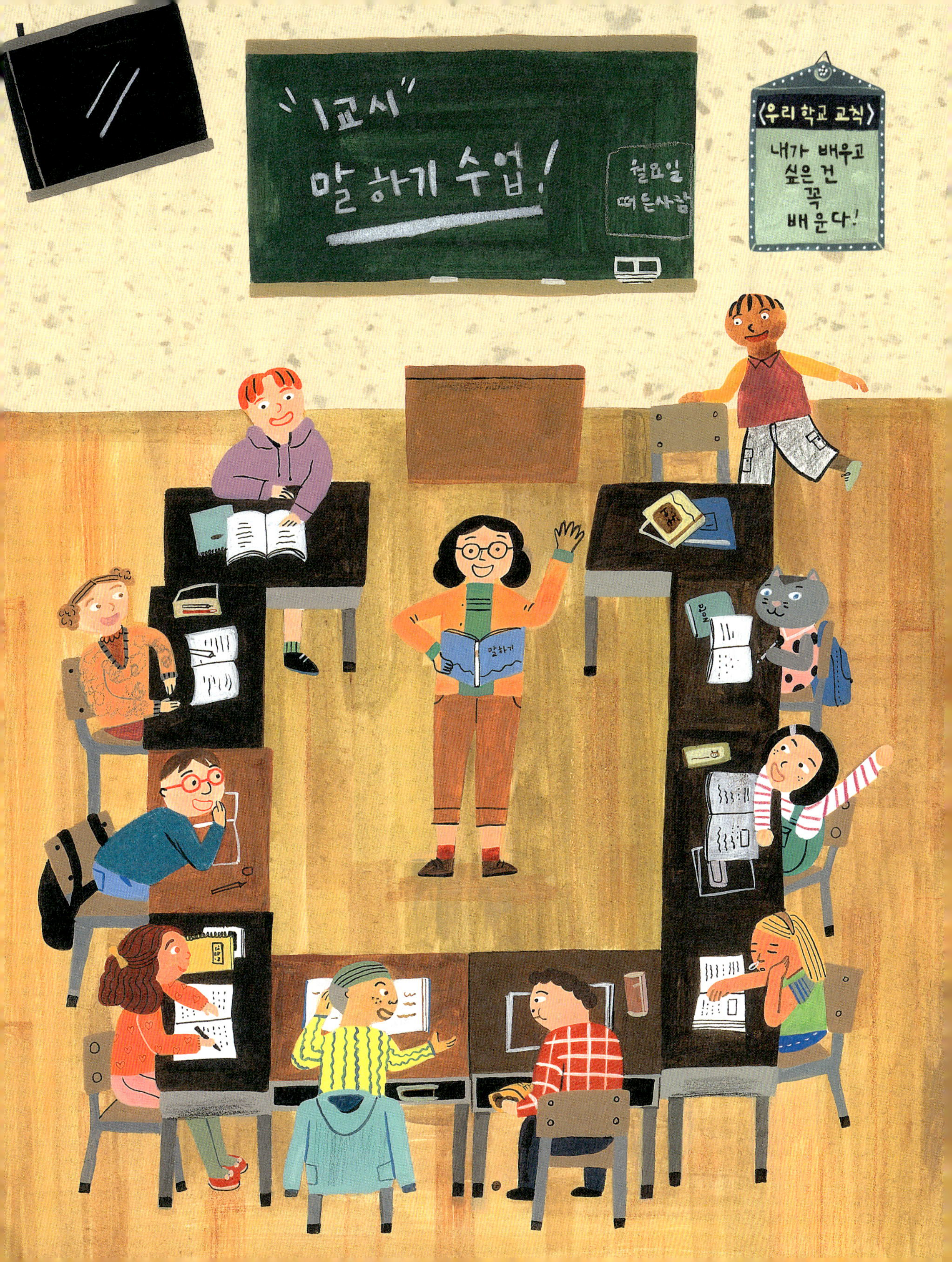

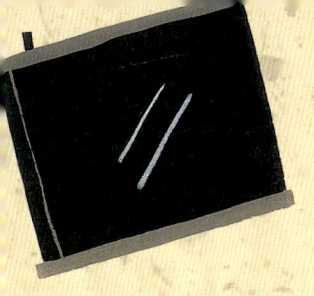

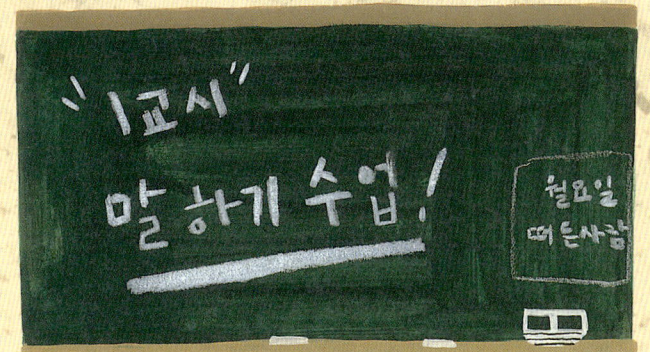

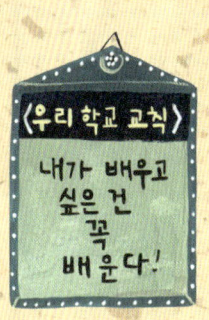

선생님 뽑기

학교란 가르치는 일을 전문적으로 하는 곳이잖아요. 그렇다면 가르치는 일을 전문적으로 하는 사람은? 그래요, 바로 선생님이죠. 여러분의 학교가 훌륭한 학교로 평가받게 하고 싶나요? 학생들한테 "학교 가는 게 너무 좋아!" 하는 말을 듣고 싶나요? 최고의 방법은 좋은 선생님들을 여러분의 학교로 모시는 거랍니다.

선생님이란 직업을 선택한 이유가 뭔가요?

선생님을 뽑을 때 꼭 생각할 점

여러분의 학교에서 학생들에게 무엇을 가르치려 하는지 먼저 생각해 봐요. 뛰어난 선생님이라고 해서 세상의 모든 지식을 가르칠 수는 없으니까요. 학교의 종류에 따라서 필요한 선생님도 달라져요.

아이들이 꼭 배우고 싶어 하는 것을 꼭 가르쳐 주기 위해서입니다.

선생님이 학생들을 어떤 마음으로 대하는지도 생각해 봐요. 단지 똑똑하기만 해서는 학생들을 잘 가르칠 수 없어요. 선생님이라면 모름지기 학생들을 진심으로 아끼고 사랑해야죠.

좋아요. 당신은 이제 꼭꼭초등학교의 선생님입니다!

선생님이 되기 위해 꼭 필요한 자격증

학교의 모든 선생님들이 가지고 있는 것, 그건 바로 교원 자격증이에요. '교원'이란 선생님을 가리키는 말이에요. 교원 자격증은 그냥 갖고 싶다고 가질 수 있는 게 아니랍니다. 대학에서 교육과 관련된 지식들을 열심히 익혀야 교원 자격증을 딸 수 있어요.

선생님을 키우는 학교는?

미래의 선생님을 키우는 학교는 어떤 것이 있을까요? 대표적인 학교로는 한국교원대학교와 전국 여러 지역에 있는 교육대학교들을 꼽을 수 있어요. 또 일반 대학교에서 교육학과, 국어교육과, 과학교육과처럼 '교육'이란 말이 들어가 있는 학과들도 선생님을 키우고 있지요.

지식과 규범 가르치기

학교의 여러 역할들 중에서도 제일 처음에 꼽았던 것이 무엇인지 기억하나요? 그래요, '지식과 규범을 심어 주는 것'이죠! 학생들에게 지식과 규범을 가르치는 방법은 여러 가지가 있어요. 한 가지 방법만 고집하기보다는 그때그때 적절한 방법을 골라서 사용해야 학생들이 즐겁게 배울 수 있답니다.

학년이 올라가면 교과서도 달라져.

교과서를 봐요

수업에서 중심이 되는 것을 꼽으라면, 역시나 교과서일 거예요. 교과서는 그 분야의 내로라하는 전문가들이 오랜 시간 동안 머리를 맞대고 함께 만들지요. 그래서 학생들에게 교과서 내용을 잘 가르치기만 해도 지식과 규범을 듬뿍 전할 수 있어요.

발표하고 토론해요

제가 이 부분에 대해 조사한 내용을 발표하겠습니다.

교과서 내용만 다 전하면 공부 끝? 아니죠. 교과서를 시작으로 더 많은 지식과 규범을 가르쳐 주어야죠. 학생들에게 교실 앞에서 발표를 하게 해 봐요. 또 학생들끼리 서로 토론하는 시간을 갖게 해 봐요. 발표나 토론을 하려면 교과서 말고도 다양한 자료를 찾으며 더 깊이 공부하기 마련이니까요.

숙제를 내요

학교 수업만 마치면 공부 끝? 그것도 아니죠. 숙제를 내주면, 학생들은 집에 가서 그날 배운 수업 내용을 복습하거나 앞으로 배울 수업 내용을 예습하게 될 거예요. 게다가 숙제는 학생들에게 스스로 공부하는 습관도 길러 줄 수 있죠. 그렇다고 욕심 부려서 숙제를 너무 많이 내는 건 안 돼요! 학생들에게는 맘껏 놀 시간도 필요하니까요.

시험을 봐요

여러분의 학생들이 수업 시간에 배운 것을 잘 이해하고 있는지, 무지 궁금하지 않나요? 그걸 알 수 있는 방법이 있죠. 바로 시험! 시험의 종류는 학교에 따라, 과목에 따라 달라져요. 수학이나 사회 같은 과목은 필기 시험이 더 어울리고, 미술이나 체육 같은 과목은 실기 시험이 더 어울릴 거예요.

역사 속의 시험

시험! 대체 누가 처음 만들었을까요? 글쎄요, 그건 역사학자들도 정확히 알지는 못해요.
분명한 사실은 아주아주 오래전부터 시험이 존재했다는 거예요.
어쩌면 석기 시대에는 사냥하기 시험, 도끼 만들기 시험이 있었는지도 모르죠.

중국 수나라의 '과거'

정부가 나서서 나라 전체에 시행한 시험으로는 중국의 과거가 세계 최초예요.
수나라의 첫 번째 황제가 서기 600년 무렵에 시작한 이후 1904년까지
무려 천 년이 넘게 이어졌죠. 과거에서 뛰어난 성적을 올린 사람은 관료로
임명되었어요. 고려도 이 제도를 받아들여 958년부터 과거를 실시했어요.
과거 제도는 조선에서도 이어져 1894년까지 계속되었어요.

조선의 '무과'

조선의 과거 제도에는 군대에서 일할 관리를 뽑는 시험이 따로 있었어요. 이 시험을 무과라고 불렀지요. 무과에는 필기 시험 외에 활 쏘기, 말 타며 창 다루기 같은 실기 시험들도 있었답니다.

중학교 입학시험

요즘은 누구나 중학교에 들어갈 수 있어요. 중학교도 초등학교와 마찬가지로 의무 교육이니까요. 하지만 1960년대까지만 해도 달랐어요. 입학시험을 통과해야 중학교에 들어갈 수 있었거든요. 초등학생들은 중학교 입학시험을 준비하느라 고생이 이만저만이 아니었어요. 게다가 중학교 입학시험에 똑 떨어지면 그다음 해에 다시 시험을 치러야 했지요.

중학교 재수는 괴로워!

 **세계의 별별 교요**

다른 나라로 눈을 돌려 봐요. 이런 수업을 하는 학교도 있네요. 멋진 아이디어라고 생각된다면, 여러분이 만드는 학교에서도 한번 해 봐요.

책이 없는 수업

미국 동부의 도시 필라델피아에서는 교과서가 필요 없는 수업을 찾아볼 수 있어요. 이 수업을 하는 학교의 이름은 바로 '미래 학교'. 이 학교 학생들은 교과서 대신 오직 노트북만 가지고 수업을 해요. 이 노트북은 학교에서 학생들 모두에게 하나씩 나누어 준 것으로, 집에도 가져갈 수 있어요.

책만 가득한 수업

미국의 메릴랜드 주에 위치한 세인트존스 대학교에서는 수업 시간에 선생님이 지식을 전달해 주지 않아요. 이 학교 수업의 특징은 학생들이 고전을 읽고 와서 그 고전에 대한 생각이나 의견을 서로 이야기한다는 거예요. 이런 식의 수업이 입학부터 졸업까지 내내 이어져요. 자연히 수많은 책을 읽게 되겠죠?

둘이서 토론하다 끝나는 수업

이스라엘에는 유대인들의 전통과 종교를 가르치는 학교들이 있어요. 이 학교를 예시바라고 불러요. 예시바의 수업을 보면 깜짝 놀랄걸요. 학생들이 둘씩 짝을 지어 소리 높여 이야기를 하고 있으니까요. 싸우는 거라고 오해하면 안 돼요. 열띤 토론과 논쟁을 벌이고 있는 거랍니다. 이렇게 하다 보면 생각의 크기가 훌쩍 커지게 된대요.

블록 놀이를 하는 수업

블록 놀이를 즐겨 하는 어린이라면 무척 좋아할 학교가 있어요. 덴마크에 있는 빌룬트 국제 학교랍니다. 이 학교에서는 수업 시간에 블록 놀이를 하며 수학이나 과학을 배우곤 하지요. 쉬는 시간에 마음껏 블록 놀이를 할 수 있는 건 물론이고요. 이 학교는 세계적인 블록 완구 회사인 레고가 세웠기 때문이죠.

이런 수업을 해요

수업에서 학생들을 가르치는 다양한 방법을 살펴보고 나니 어때요?
여러분만의 개성 있는 수업, 특별한 수업을 만들어 보고 싶은 마음이 들지 않나요?
학생들도 재미있어할 거예요. "세상에, 이런 수업도 다 있네!" 하고요.

선생님이 시험 보는 수업

평소에 선생님은 시험 문제를 내는 사람, 학생은 시험 문제를 푸는 사람이죠. 이걸 뒤집어 봐요. 학생이 내는 시험 문제를 선생님이 푸는 거죠. 선생님 혼자만 공부하게 되는 거 아니냐고요? 시험 문제를 내다 보면 알게 될걸요. 공부를 열심히 해야 시험 문제를 제대로 낼 수 있다는 사실!

말 안 하는 수업

수업에서 학생이든 선생님이든 그 누구도 말을 하지 않는다면? 오로지 손짓 발짓으로만 설명을 하거나 질문을 할 수 있다면? 답답할까 봐 걱정된다고요? 오히려 주어진 것만 달달 외우지 않고 생각을 많이 하는 수업이 될지도 몰라요. 참, 이 수업에서는 말하는 건 안 돼도 웃음보를 터뜨리는 건 얼마든지 된답니다.

여행하며 수업

전국 곳곳을 여행하며 수업을 해 봐요. 어떤 과목이든 가능할 거예요. 역사적 유적이 있는 장소들을 여행하며 사회 수업을 할 수도 있고, 경치가 아름다운 장소들을 여행하며 미술 수업을 할 수도 있어요. '여행하기'라는 과목을 새로 만드는 것도 좋지요.

게임으로 수업

시간 가는 줄 모르고 게임에 푹 빠져 있다가 "게임 좀 그만해라!" 하는 엄마 아빠 잔소리를 들은 적 있나요? 이 수업에서라면 그런 잔소리는 걱정할 필요가 없어요. 게임이 곧 교과서이고, 게임을 하는 게 곧 공부를 하는 거니까요. 오히려 엄마 아빠가 "게임 좀 오래 해라!" 할지도 몰라요.

실전편 수업하기

4단계
놀기와 쉬기

학교는 학생들을 미래의 인재로 건강하게 키워 내야 하잖아요. 그러자면 놀 때는 신나게 놀고, 쉴 때는 푹 쉬게 해야죠. 각자 알아서들 잘 놀고 잘 쉬겠거니 하고 학생들을 그냥 내버려 두면 안 돼요. 친구들과 어울려 다 함께 노는 시간을 마련해 주고, 수업에서 완전히 벗어나 충분히 길게 쉴 수 있는 시간도 챙겨 주어야 한답니다.

소풍 가기

학생들이 1년 중 가장 기다리고 기다리는 날은 어떤 날일까요? 아마도 많은 학생들이 이렇게 대답할걸요. "소풍날이요!" 학생은 매일 학교에 가는 것이 원칙이지만, 소풍날만큼은 친구들과 함께 학교 밖의 색다른 장소에 갈 수 있으니까요. 이럴 때일수록 학교는 신경 쓸 일이 많아요. 학교가 철저히 준비해야 즐거운 소풍이 될 수 있답니다.

재미도 필수, 안전도 필수!

소풍 장소는 놀이공원처럼 맘껏 놀 수 있는 장소도 좋고, 천문대나 박물관처럼 새로운 경험을 할 수 있는 장소도 좋아요. 어디로 소풍을 가든 꼭 생각해야 할 점, 바로 안전이랍니다. 소풍을 가기 전에 학생들에게 미리 안전 교육을 시켜요. 또 소풍 장소에서 선생님들은 정신을 바짝 차리고 학생들을 잘 지켜봐야 해요.

운동회 하기

운동회가 있는 날은 그 이름에 걸맞게 운동장에 사람들이 꽉 차요. 학교 안의 모든 학생들이 운동장에 모이고, 선생님들도 예외 없이 운동장에 모여요. 게다가 이날은 특별히 엄마, 아빠 들까지도 운동장에 모여요. 운동장 곳곳에 알록달록 예쁜 장식도 되어 있어요. 운동회는 학교 전체의 축제인 거죠.

신나게 뛰고 소리 높여 응원해요

운동회에서는 여러 가지 경기가 열려요. 열띤 응원도 펼쳐지고요. 이겼다는 짜릿함에 환호성을 지르기도 하고, 졌다는 아쉬움에 한숨을 쉬기도 해요. 하지만 꼭 기억해요. 운동회는 승부를 가리기 위해서가 아니라 학생들, 선생님, 그리고 부모님까지 모두 즐겁게 놀기 위해서 하는 거예요. 운동회에는 승자도 패자도 없어요. 함께했다면 모두가 승자랍니다.

사다리 타기로 놀이 종류 정하기

소풍 가서 어떤 놀이를 하면 좋을까요?
운동회에서 어떤 경기를 하면 좋을까요?
선택하기 힘들다면 사다리 타기로 골라 봐요!

방학하기

날씨는 우리 생활에 큰 영향을 끼쳐요. 날이 너무 더울 때나, 반대로 너무 추울 때는 무슨 일이든 손에 잘 안 잡히기 마련이에요. 그래서 학교는 학생들에게 방학을 준답니다. 물론 날씨가 방학의 유일한 이유는 아니죠. 방학은 학생들이 참 많은 것을 경험할 수 있는 기회도 되어 주거든요.

방학은 더 넓은 세상을 만나는 시간

곰곰 생각해 보면 말이죠, 더운 여름이라고 꼭 수업 받기 힘들라는 법은 없죠. 에어컨을 켜면 되잖아요. 추운 겨울에도 마찬가지예요. 난방을 빵빵하게 하면 되잖아요. 그런데도 학교가 방학을 하는 건 학생들에게 더 넓은 세상을 만나게 해 주기 위해서일 거예요. 학교 안에서 수업을 받는 것만 공부가 아니거든요. 평소 흥미가 있었던 분야를 더 깊이 탐구하는 것, 가 보고 싶었던 장소에 실제로 가는 것, 미처 알지 못했던 새로운 체험을 하는 것……. 이 모두가 방학을 이용한 좋은 공부가 될 수 있답니다.

세계의 별별 놀이

놀이를 하지 않는 아이는 이 세상에 하나도 없을걸요.
소풍을 갈 때, 운동회를 할 때 뭔가 색다른 아이디어가 필요하다면
다른 나라 아이들에게 어떤 놀이를 하는지 물어봐요.

파라과이의 '펭귄 달리기'

큼직큼직 헐렁헐렁한 바지를 여러 개 준비해요. 아이들이 그 바지를 하나씩 입고 출발선에 서요.
바지가 흘러내리지 않게 하려면 손으로 잡고 있어야겠죠. "시작!" 하면 바지를 잡은 손을 놓고
결승선을 향해 뛰어나가요. 바지에 걸려 넘어지지 않도록 주의하면서, 또 팔을 구부린 채
날갯짓하듯 움직이면서 말이에요. 마치 펭귄이 뒤뚱뒤뚱 달리듯 우스꽝스러울 거예요.

이탈리아의 '병뚜껑 경주'

분필로 그리거나 나뭇가지를 놓아서 땅에 길을 표시해요. 병뚜껑 여러 개를
준비해서 출발선에 나란히 놓아요. 아이들이 저마다 병뚜껑을 하나씩 맡고,
순서대로 손가락으로 튕겨요. 한 아이가 세 번 튕길 수 있는데, 병뚜껑이
길 밖으로 나가면 곧바로 다음 아이에게 순서가 넘어가게 돼요.
자기 병뚜껑이 결승선에 가장 먼저 도착하게 하려면
튕기는 방향과 세기를 잘 조절해야겠죠?

중국의 '돌 치기'

이건 제기차기와 비슷한 놀이예요. 돌에 종이를 감싸요. 돌을 쳐도 아프지 않도록 말이에요. 몸에서 손을 제외한 다른 부분으로 돌을 계속 쳐 올려요. 돌을 칠 때마다 그 신체 부위를 말하고, 돌을 몇 번 쳤는지도 말해요. "어깨, 칠(7)" 이런 식으로요. 돌을 친 개수나 신체 부위를 잘못 말하면, 또는 돌을 땅에 떨어뜨리거나 돌이 손에 닿으면 처음부터 다시 시작해야 해요. 정해진 시간 동안 돌을 가장 많이 친 아이가 승자가 돼요.

남아프리카 공화국의 '다리 사이로 공 이어 받기'

아이들을 두 팀으로 나눠요. 이때 각 팀에 속한 아이들의 수가 똑같아야 해요. 각 팀은 한 줄로 길게 서고, 맨 앞에 선 아이들은 공을 들고 있어요. 그러다 "시작!" 신호가 나면 맨 앞의 아이는 공을 다리 사이로 넣어 뒤의 아이에게 건네고, 그 아이는 똑같은 방법으로 또 뒤의 아이에게 공을 건네요. 맨 뒤에 선 아이는 공을 받으면 앞으로 뛰어가요. 먼저 도착하는 팀이 이기는 거예요.

이렇게 놀고 이렇게 쉬어요

학생들이 즐겁게 노는 모습, 편안히 쉬는 모습을 바라보다 보면
여러분의 입가에도 절로 미소가 피어오르겠죠? 그렇다고 여기서 만족하지 말고,
새로운 방식의 소풍이나 운동회, 방학도 한번 떠올려 봐요.
그래서 학생들을 깜짝 놀라게 해 주는 거예요!

우주 소풍

아주 특별한 장소로 소풍을 가 보고 싶나요? 세계 어느 나라, 어느 학교 학생도 가 보지 않은 장소가 있죠. 바로 우주! 커다란 우주선에 학생들을 태우고 우주를 향해 쏘아 올려요. 우주선에서 내다본 풍경은 그 무엇보다도 환상적이겠죠?

전국 어린이 운동회

운동회를 꼭 한 학교 안에서만 해야 할까요? 전국 학교들이 다 함께 운동회를 하는 것도 재미있지 않을까요? 그런 운동회를 할 수 있을 만한 공간이 부족할

것 같다고요? 그렇다면 지역별로 예선 운동회를 먼저 치른 다음에 본선 운동회를 하는 방법도 있죠. 이 운동회는 한 학교만의 축제가 아니라 나라 전체의 축제가 될 거예요.

생일맞이 방학

방학은 학교 전체가 같은 날 동시에 시작하고, 또한 같은 날 동시에 끝나죠. 그런데 학생들이 저마다 다른 날에 방학을 갖는다면 어떨까요? 생일을 맞은 학생에게 특별 선물로 일주일 방학을 선사하는 거예요. 방학 숙제는 전혀 주지 않고요. 이 방학을 어떻게 보내는지는 전적으로 그 학생 마음이에요. 생일잔치를 일주일 내내 하는 것도 가능!

동생 탄생 방학

동생이 태어난다는 건 무지 설레는 일이에요. 집에서도 함께 놀 친구가 생기는 셈이니까요. 물론 실제로 그렇게 되기까지 몇 년은 기다려야 할 거예요. 일단 아기 때부터 미리미리 친해지는 게 좋겠죠? 동생이 태어난 학생들에게 방학을 줘서 동생과 친해질 시간을 갖게 해요. 그 동생이 무럭무럭 자라서 여러분이 만든 학교에 입학하게 될지도 모르죠.

놀기와 쉬기 _{실전편}

모든 준비는 끝났다!

자, 드디어 나만의 학교가 완성되었어요! 교문을 활짝 열고 학생들을 맞아요.
학생들로 꽉 찬 학교를 보면 정말 흐뭇하겠죠?

근데 말이죠, 우리나라의 학교들 중에 어린이가 만든 학교는 하나도 없지 뭐예요.
그만큼 학교를 만드는 건 여러 가지로 복잡한 일이거든요.
하지만 그렇다고 너무 실망하지는 마세요. '학교의 주인은 학생이다'라는
말이 있잖아요. 지금 내가 다니는 학교가 곧 내가 만든 학교라고
생각하는 거예요. 그런 생각을 가지고 학교를 다니다 보면,
더 멋진 학교를 만들기 위해 여러분이 할 수 있는 일이 자꾸자꾸 눈에 들어올걸요.

훗날 언젠가 여러분이 진짜로 학교를 만들게 될 수도 있어요.
그때도 이 사실만큼은 꼭 기억하고 있어야죠. '학교의 주인은 학생이다'라는 거.
학생이 없는 학교는 이 세상에 존재할 수 없어요.
학교라면 하나부터 열까지 모두 학생들을 위해서 존재해야 해요.
이 점만 명심하고 있으면, 여러분이 어떤 종류의 학교를 만들든 간에
여러분의 학교를 다니는 학생들은 행복해할 거예요.

꼭꼭초등학교를 소개합니다!

교육 목표: 학생들 각자가 '꼭' 원하는 공부를 하게 해 주어, 꿈을 더 일찍 찾게 해 준다.

학생 수: 딱 100명.

선생님 수: 그때그때 달라요. (학생들이 무엇을 배우고 싶어 하느냐에 따라)

건물 구성: 작은 교실 100개, 큰 교실 20개, 운동장, 강당, 급식실, 양호실, 도서관, 교무실 등.

소풍 장소: 학생들 각자 원하는 장소로.

운동회: 10월 첫째 주 내내. (특이 사항: 발표회를 겸함)

방학 시기 및 기간: 학생들 각자 원하는 날짜에 원하는 만큼.

내가 만든 학교를 소개합니다!

교육 목표:

학생 수:

선생님 수:

건물 구성:

소풍 장소:

운동회:

방학 시기 및 기간:

한눈에 보는 학교 만들기

학교가 만들어지는 과정을 하나하나 꼼꼼하게 따라가다 보면
어느새 나만의 학교를 뚝딱 만들 수 있을 거예요.
자, 지금부터 세상에서 가장 특별한 학교를 만들어 볼까요?

4단계 놀기와 쉬기

1단계 학교 종류 정하기

시작

소풍 가기

운동회 하기

학교의 역할 알아보기

특별한 교육 목표 세우기

학교 이름 짓기

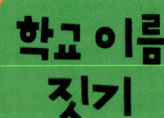

지식과 규범 가르치기

선생님 뽑기

3단계 수업하기

나만의 학교 완성!

방학하기

건강을 위한 공간 꾸미기

2단계 학교 건물 짓기

교실 꾸미기

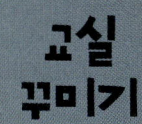

용어 설명

고전: 오랜 세월에 걸쳐 많은 사람에게 널리 읽히며 모범이 되는 문학이나 예술 작품.

관료: 정부 기관에서 일하는 공무원들 중에서도 높은 자리에 있는 사람.

권리: 어떤 일을 마땅히 할 수 있는 자격.

규범: 사회에서 함께 어울려 살기 위해 지키고 따라야 하는 기준.

균등: 차별 없이 고르고 가지런한 것.

농수산: 농업과 수산업을 함께 가리키는 말.

대안 학교: 기존의 학교와는 달리 새롭고 자율적인 방식으로 운영되는 학교.

법치: 왕의 뜻이나 종교 교리가 아니라 법에 근거하여 국가를 다스리는 것.

본선: 우승자를 뽑는 최종적인 선발 대회.

설계도: 기계, 건물 등 무언가를 만들 때 자세한 내용을 묘사해 놓은 그림.

세포막: 세포를 보호하기 위해 세포를 둘러싸고 있는 막.

식단: 일정한 기간 동안 어떤 음식을 먹을지 그 종류와 순서를 짜 놓은 계획표.

예선: 본선에 나갈 선수나 팀을 뽑는 선발 대회.

유적: 과거의 인류가 남긴 것들 중 왕궁이나 신전처럼 형태가 크고 위치를 옮길 수 없는 것.

의무: 마땅히 해야 하는 일.

자격증: 어떤 일을 하는 데 필요한 조건이나 능력을 갖추었음을 알려 주는 문서.

자연사: 인류 이외의 동식물과 자연환경이 변해 온 역사.

조리: 요리를 만드는 것.

천문대: 우주의 여러 현상을 관찰하고 연구하는 시설.

헌법: 여러 법 중에서 가장 기본이 되는 법으로, 한 국가를 다스리는 근본적인 원리를 담은 법.

 31쪽 Quiz 정답

햇빛을 받으면 만들어지는 영양소는 ❹번!
우리 몸이 햇빛에 노출되었을 때 비타민 D가 피부 속에서 만들어진답니다. 비타민 D가 부족하면 뼈가 약해져서 툭툭 부러질 수 있으니 평소 햇빛을 너무 피하면 안 되겠죠?
달걀 노른자, 우유, 버터에도 비타민 D가 들어 있어요.

토토 사회 놀이터
내가 학교를 만든다면?

초판 1쇄 2017년 7월 12일 | 초판 3쇄 2023년 2월 17일
글 김서윤 | 그림 국형원
기획·편집 박설아 | 디자인 권석연 | 마케팅 강백산, 강지연
펴낸이 이재일 | 펴낸곳 토토북 04034 서울시 마포구 양화로11길 18, 3층 (서교동, 원오빌딩)
전화 02-332-6255 | 팩스 02-332-6286 | 홈페이지 www.totobook.com | 전자우편 totobooks@hanmail.net
출판등록 2002년 5월 30일 제10-2394호 | ISBN 978-89-6496-340-1 74300, 978-89-6496-257-2 74300(세트)

ⓒ김서윤, 국형원 2017

이 책은 저작권법에 의해 보호를 받는 저작물이므로 무단 전재 및 무단 복제를 금합니다.
잘못된 책은 구입하신 곳에서 바꾸어 드립니다.

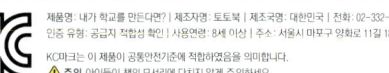